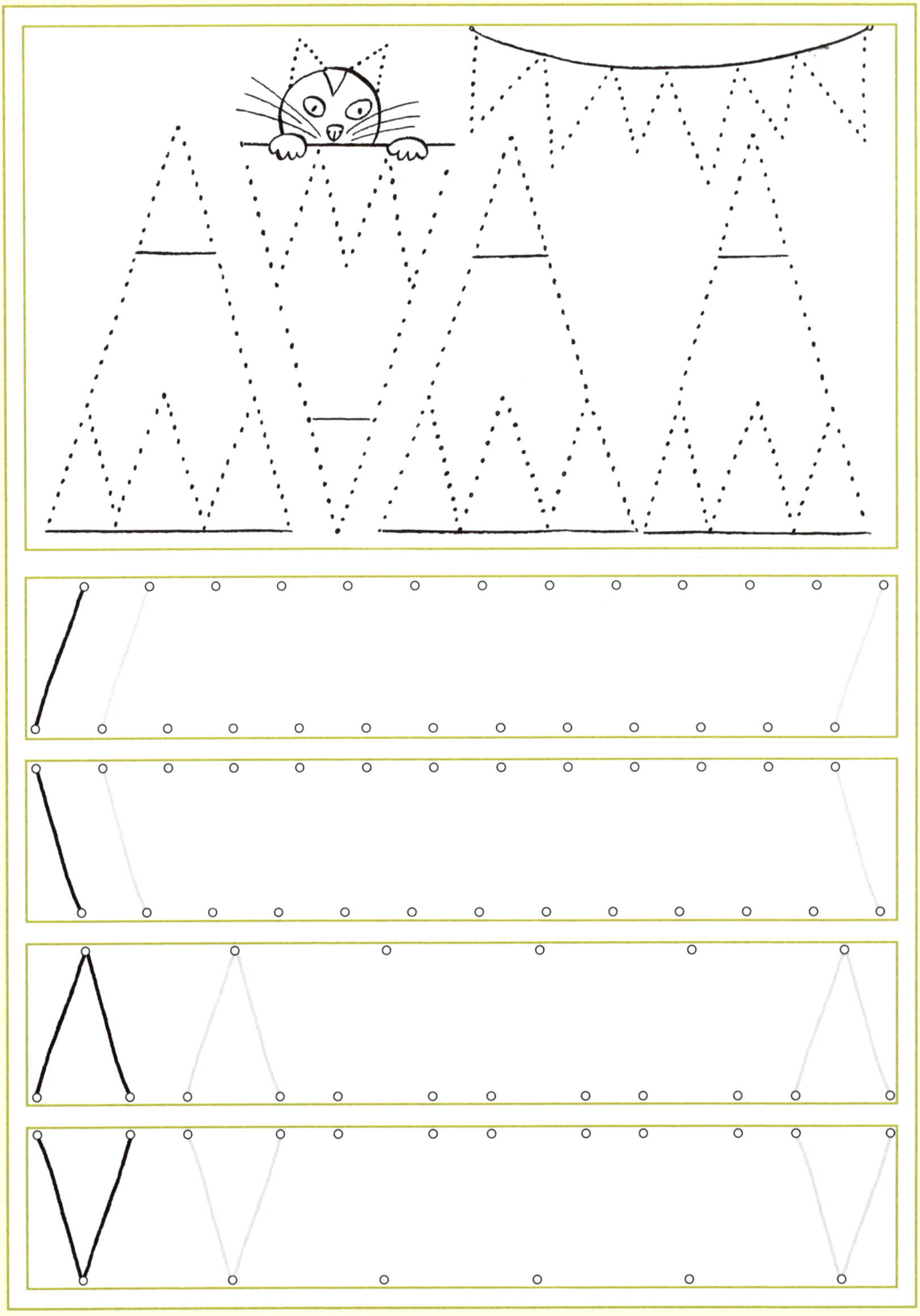

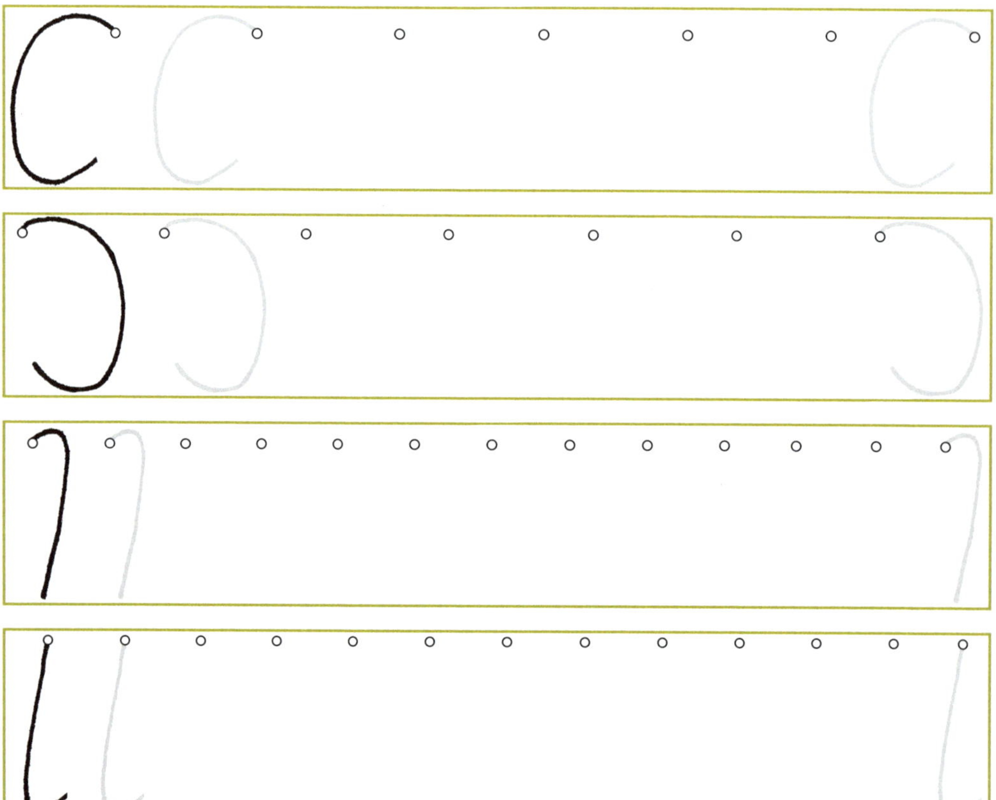

C c

Ɔ ɔ

O

o

ɿ

ι

l ı

Oma

Oma Oma Oma Oma O

  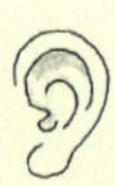  

Oma

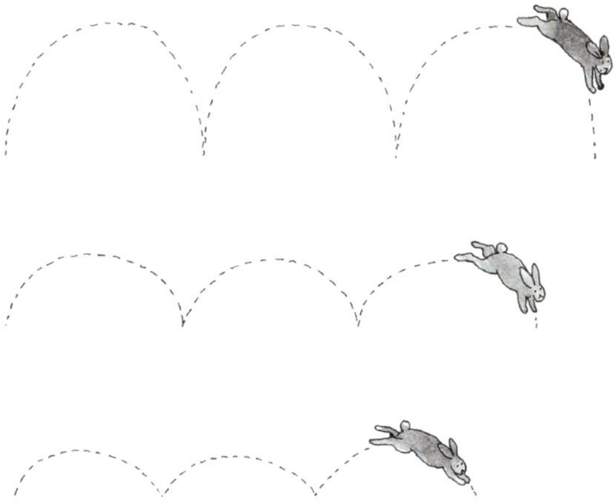

m m

r n m m

O m a O m a O m a O m a m

m m

Oma

a c

a a a a a

Oma Oma Oma Oma a a a

a a

Oma Oma

Oma

Om

O

a

m

O

Mama

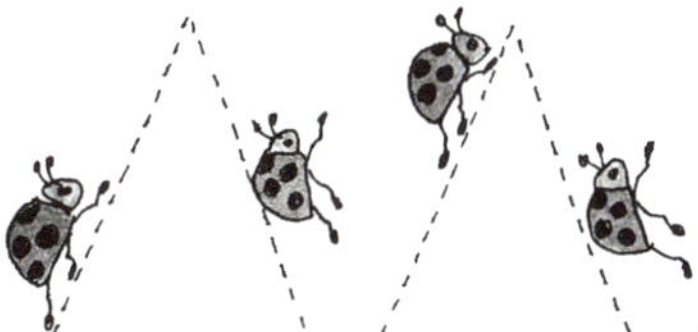

Mama Mama Mama

M M

Ma Ma

Mama

Mam

Ma

M

Oma Oma

Mama Mama

Mia 

 Mimi

i i i

Ma Ma Ma Ma Ma

Mm Mm Mm Mm

i i

Mi Mi

Mia

Mi

M

Mimi
Mim
Mi
M

im  am 

im im

am am

ist 

ist 

Mama

Mam

i  i

Oma

Om

Papa

Opa

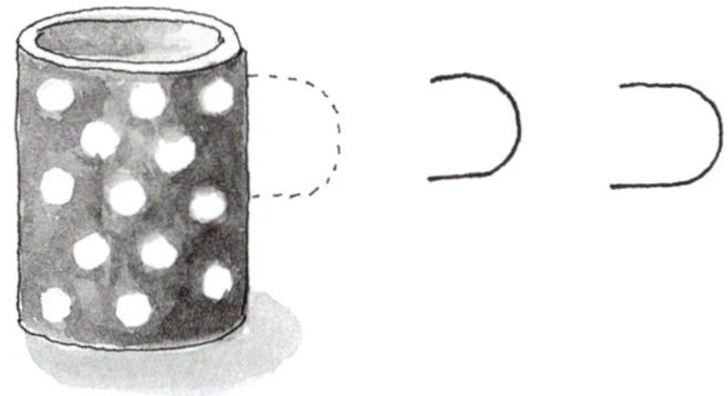

P P P

Papa Papa Papa Papa Papa

P P

p p p p

Papa Papa Papa Papa Papa p

  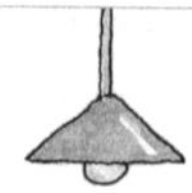 

p p

Pa Papa pa

Papa

Opa

Pap Op

Pa O

P

Papa

i i

Opa

ist 

ist 

ist 

ist 

ist 

Mia ruft 

Mama ruft 

Oma ruft 

Opa ruft 

Papa ruft 

Mimi ruft 

Nina

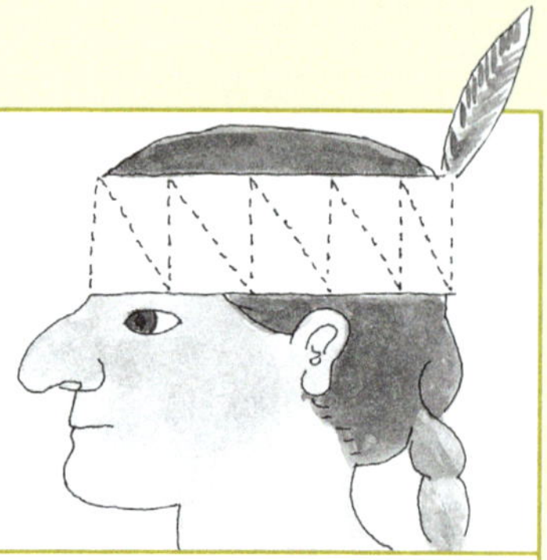

N N N
N

Nina Nina Nina Nina Nina

N N

Ni Ni

n
n

Nina Nina Nina Nina Nina

Zur Fibelseite 12

n n

na na

Nina

Nin

Ni

N

N Mama Nina Mia Ina Oma

n Mama Nina Mia Ina Oma

M Mama Nina Mia Ina Oma

m Mama Nina Mia Ina Oma

Ina

na na na na na na na

Ina

In

I

Ist Ina am 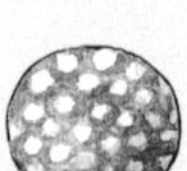 ?

ist .

Zur Fibelseite 13

Moni

O o o

M o ni M o ni M o ni M o ni M o ni

o o

Moni

Mon

Mo

M

O o O o

Oma ruft: Moni! Mia!

Mia ruft:

Moni ruft:

Mimi ruft:

Moni ruft:

a Moni Mia Oma Mo am

o Moni Mia Oma Mo am

Toni

T T

Toni Toni Toni Toni Toni Toni

T T

Toni

Ton

To

T

M M

T T

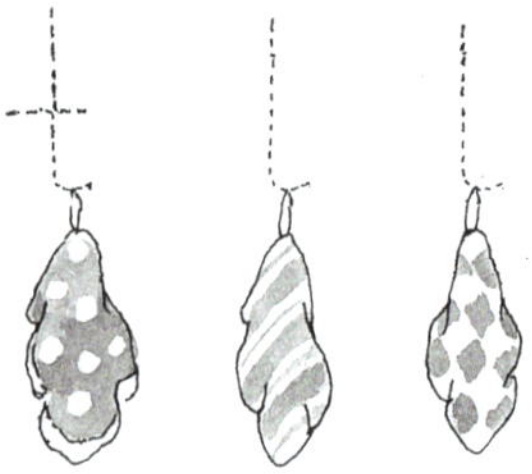

t l

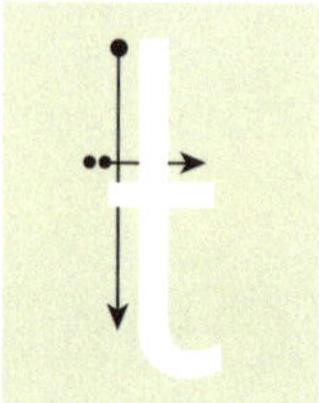

l t t t
t

mit mit mit mit mit mit mit

  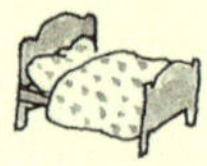  

t t

mit mit

Mia mit

Lilo

ilo ilo ilo ilo ilo ilo

    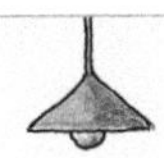

Li o Li o Li o Li o Li o Li o

 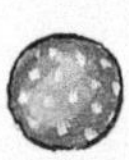   

ma lt lt lt lt lt

Lito malt

Lit mal

Li ma

L m

l malt mit lila alt alle ist

t malt mit lila alt alle ist

Zur Fibelseite 20

Ali

A

A A
A

Ali Ali Ali Ali Ali Ali Ali Ali A

A A

Ali Ali

Am 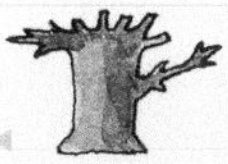 ist

 ist

 ist

 ist

 ist

Uli   Muli

U u

U U U U

Uli Uli Uli Uli Uli Uli Uli Uli

U U

Uli Uli

u u u u

Muli Muli Muli Muli Muli u u

u u

Muli Muli

U u U u

U Uli ruft: U a!

u Muli ruft: I a, i a!

Nun ist Muli am .

u nun nun nun nun nun nun

n nun nun nun nun nun nun

nun nun

u Toni Muli nun nanu Tunnel

n Toni Muli nun nanu Tunnel

O P M L A I N T U A N M

O

i m t o p u l n a i u n m p

I

a a

i i

i o

i a

a a

ma

M ni

oni

Ma

ma

O

ma

La

ma

Mia ruft: , !

 A  li 

 U  li 

 Mu  li 

Moni Lilo ~~Uli~~ Toni

~~Muli~~ Tilo

Muli

Uli

Uli Ina Opa Ali Papa Nina

ruft: , !

Ela   Ente

E

e e

E

I Γ F E

E

Ela Ela Ela Ela Ela Ela Ela E

E E

e

e e

Ente Ente Ente Ente Ente e e e

Zu den Fibelseiten 24, 25

e e

Ente Ente

Enten Enten

alle maten

all mate

a mal

T Ente Lama Tute Ela Lampe

L Ente Lama Tute Ela Lampe

E Ente Lama Tute Ela Lampe

Susi

S S

s

Susi Susi Susi Susi Susi Susi S

S S

Susi Susi Susi Susi Susi Susi s

s s

Susi
Sus
Su
S

lesen
lese
les
le

Alle lesen, lesen, lesen.

Alle

Anne ist in Tanne.

ist ist

Uli ist in …

Ina ist in …

R	r

Rosi rollt.

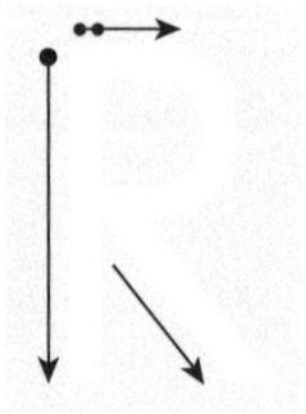

I P R R

Rosi Rosi Rosi Rosi Rosi Rosi

R R

Rosi Rosi

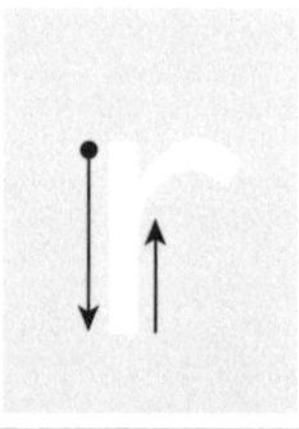

r r

r

rollt rollt rollt rollt rollt rollt

r r

Zu den Fibelseiten 28, 29

rollen rennen lernen

rollt • rennt • lernt

Rosi Tilo

Ali Uli

Anne Susi

r lernt rennt nur Nashorn

n lernt rennt nur Nashorn

Ei ei

O, mein Eis!

Eis Eis Eis Eis Eis Eis Eis Eis

mein mein mein mein mein

  1 2 3

ein • eine

 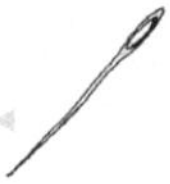 

teilen • teilt

teilen teilt

teil teil

t t

Hans hat eine Hose. 

H	h

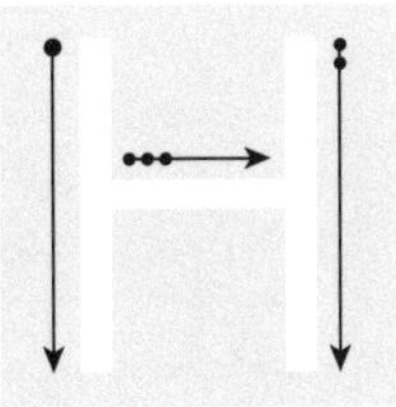

H H

Hans Hose Hase Hut Hans

Hans Hans

Hose • Hase

eine 

Hose Hase

H H

ein 

Nase Rose Lupe alle

H H H H

l h h
h

hat hat hat hat hat hat hat h

h h

Ina hat Hasen.

Mia

Mimi

holen • holt

holen holt

hol hol

h ho

Dana hat das Domino.

D	d

D D D

Dana Dana Dana Dana D D

D D

d c d d d

das das das der der der der

d d

das der

der • das

___ Esel ___ Ei ___ Hund

___ Lama ___ Hase ___ Eis

Das sind Dinos.

sind ___ sind

 und   ___ 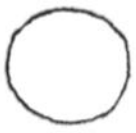

 ___   ___ 

 ___   ___ 

a und Made das Rad radeln

Hund Hand Sand Nadel

d und Made das Rad radeln

Hund Hand Sand Nadel

Zu den Fibelseiten 34, 35

E R S H Ei D A E N L

h t l r e s ei d p a h n r

a d p

R_d • Pu_ _e • Na_el

Pu_el • Lam_e • _rei

r n h

ennen • hole • le_nen

ler_e_ • _olen • _ennen

Hu_d • To_ • Di_o • d_ei

ren	ler	tei	ho	es	ma	le	rol
len	len	sen	nen	len	sen	len	nen

rennen

holen

Tilo und Uli

Zu den Fibelseiten 34, 35

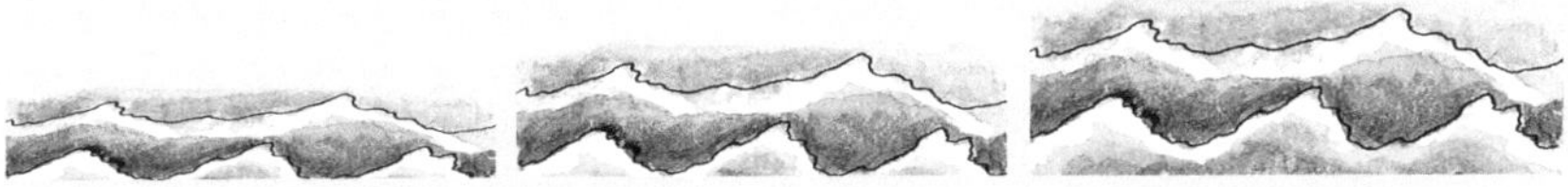

W w

Wenn der Wind weht, wird das Wasser wild.

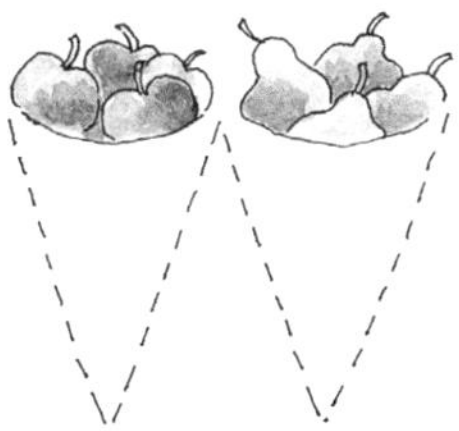

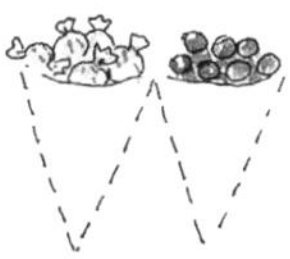

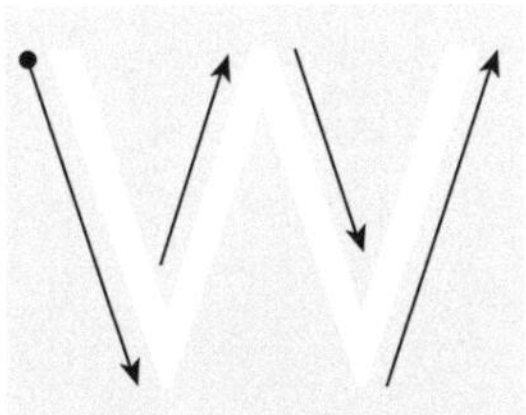

V WW

w w

Wal Wind Wasser Winter W

Wal Wal

wir wo was wer wenn wird

wir wir

Ww Ww

Im Winter wird das Wasser Eis.

Im

M Made Wade Mut Wut

W Made Wade Mut Wut

MW MW

ie Sie sehen die Tiere.

Marie Tier hier sie die nie

wie wieder Wiese Riese piept

die Tiere

Fips

rufen

ips ips ips oto oto oto

ahren hel en ru en A e

f f

rufen • helfen • fahren

rufen helfen fahren

ruf helf fahr

r h f

f ruft hilft holt teilt fein reif

t ruft hilft holt teilt fein reif

F Ente Foto Esel Film Ende

E Ente Foto Esel Film Ende

Zu den Fibelseiten 42, 43

Auto   Haus

Auto Auto Auto Auto Auto

5+4
6+3
7+2

Au Au

Auto Auto

aus Haus Maus auf laufen

au au

aus auf

laufen

lauf

l

Sie hin.

B | b

Sie bauen eine Bude.

P B

B

Bude Bude Bude Bude Bude

B B

l b

b

bauen bauen bauen bauen b

b b

bauen bauen

Zu den Fibelseiten 46, 47

bauen • baut

Nina .

Beide .

Ali .

Sie .

Wir haben ein Baumhaus.

haben

Wir h

b baut haben das du bleiben

d baut haben das du bleiben

P Baum Pause Ball Pinsel

B Baum Pause Ball Pinsel

Au Ei D P W F E H M N

r n h m b p d w e f au ei

b p d

Pu el • Ra e • Tau e • Ma e

Pu e • Na el • Rau e

Mimi und Mo a en.

Nun sind die sau er.

baden • ~~bauen~~ • lesen • helfen • rufen

bauen